Sascha Stie

Die Mannschaft vom Tivoli – Alemannia Aachen

Der Traditionsverein und seine Geschichten

Von Erwin Hermandung, Benjamin Auer und Jan Schlaudraff

Eine Geschichte über die Alemannia aus Aachen

© 2014
Herstellung und Verlag:
BoD – Books on Demand, Norderstedt
978-3-7347-3431-1

Inhalt

EINLEITUNG

Dieses Buch behandelt den Mythos des Alemannia Aachen, der Stadt Aachen, die in Deutschland so wohl einzigartig sein dürften.

FAKTEN – FAKTEN - FAKTEN

Dieses Kapitel ist dem Überblick gewidmet und möchte einige Fakten über den Alemannia Aachen bieten. An dieser Stelle verzichten wir auf längere Erklärungen und legen das Augenmerk auf die Schnelle Information.

Das Gründungsdatum
16. Dezember 1900

Die Anschrift
Krefelder Straße 205
52070 Aachen

Die Homepage
http://www.alemannia-aachen.de

Alemannia Aachen (offiziell: Aachener Turn- und Sportverein Alemannia 1900 e. V.) ist der größte Sportverein der Stadt Aachen.

Die erste Fußballmannschaft stieg im Jahre 2013 in die Regionalliga West ab. Von 1967 bis 1970 sowie in der Spielzeit 2006/07 spielte sie in der Bundesliga. Neben der Fußballabteilung betreibt der Verein die Abteilungen Leichtathletik, Tischtennis, Handball, Frauenfußball, Jugendfußball und Volleyball. Die Volleyball-Frauen spielten von 2008 bis 2013 in der Bundesliga und wechselten dann zum PTSV Aachen.

DIE GESCHICHTE VON ALEMANNIA AACHEN

Vereinsgeschichte

Ansässige englische Kaufleute und Industrielle brachten in der Zweiten Hälfte des 19. Jahrhunderts neben dem traditionellen Reitsport den Fußballsport in das westliche Rheinland. Der Verein wurde am 16. Dezember 1900 unter dem Namen Fußballklub Aachen von 18 Schülern des Kaiser-Wilhelm-Gymnasiums, der Oberrealschule und des Realgymnasiums, die auf dem Marienthaler Kasernenhof zusammen trainierten, gegründet. Da der Name 1. FC Aachen gerade durch einen kurz zuvor gegründeten und bald wieder aufgelösten Verein belegt worden war, nannte man sich Alemannia Aachen. Der Name "Alemannia" (von Alemannen) soll das Deutschtum im äußersten Westen betonen. Nach der Fusion mit dem Aachener TV 1847 am 17. September 1919 hieß der Verein

Aachener TSV Alemannia 1847. Am 26. Januar 1924 trennten sich beide Klubs wieder, und der Verein erhielt seinen heutigen Namen Aachener Turn- und Sportverein Alemannia 1900 e. V.

Der ATSV Alemannia hatte in seiner Geschichte weitere Abteilungen, die heute nicht mehr existieren, nämlich Turnen, Faustball, Wandern, Schwimmen (1920–1939), Hockey (1920–1939), Basketball (1952–1965) sowie Badminton (1956–2009). Die zuletzt aufgelöste Badmintonabteilung wurde zum 1. Juli 2009 in den eigenständigen „Badminton Verein Aachen 2009" überführt. Die nach Titeln erfolgreichste Abteilung der Alemannia waren die Basketballer, die sich 1963 und 1964 die Deutsche Meisterschaft sichern konnten und damit bis heute zu den zehn erfolgreichsten Basketball-Mannschaften zählen.

Der Verein hatte im März 2012 rund 8.700 Mitglieder. Am 14. August 2006 beschloss die Mitgliederversammlung rückwirkend zum 1. Januar die Ausgliederung aller Mannschaften von der U13 aufwärts bis zur Lizenzspielerabteilung in die neu gegründete Alemannia Aachen GmbH. Am 12. Juni 2010 verkündete Sportdirektor Erik Meijer auf der Mitgliederversammlung die Änderung des Vereinslogos: Das traditionelle Wappen – erstmals 1925 verwendet – kehrte zur Saison 2010/2011 auf die Trikots zurück. Am 16. November 2012 kündigte die GmbH die Beantragung eines Insolvenzplanverfahrens wegen Zahlungsunfähigkeit an, das am 1. Juni 2013 eröffnet worden ist.

Sowohl auf Vereins- als auch auf Fanebene und aus geographischen Gründen bestehen intensive und freundschaftliche Kontakte zum niederländischen Profiklub

Roda JC Kerkrade. Außerdem haben beide Vereine die gleichen Vereinsfarben.

Vorkriegszeit

In der Vorkriegszeit pendelten die Aachener stets zwischen der zweitklassigen Bezirksklasse und der erstklassigen Gauliga. 1930 wurde Reinhold Münzenberg der erste Alemanne, der das Trikot der Deutschen Fußballnationalmannschaft trug. Den ersten Erfolg feierte die Alemannia 1938, als der Verein als Aufsteiger die Meisterschaft der Gauliga Mittelrhein gewinnen konnte und so das einzige Mal an der Endrunde um die Deutsche Meisterschaft teilnahm. Dort wurden die Aachener in einer Gruppe mit Hannover 96, dem 1. FC Nürnberg und dem FC Hanau 93 Tabellendritter und schieden aus. Einen Teil dieser Spiele bestritt der Fußballverein im Aachener Waldstadion, da dieser Platz mit zu jener Zeit fast 15.000 Stehplätzen mehr Zuschauer fassen konnte als der damalige alte Tivoli. Nach diversen Protesten des SV Beuel 06 wurde schließlich den Aachenern die Gaumeisterschaft nachträglich aberkannt und der SV Beuel zum Meister erklärt.

Nachkriegszeit

Nach dem Krieg gelang Alemannia Aachen 1947 die Qualifikation für die neu gegründete Oberliga West. Die Aachener gehörten der Oberliga bis 1963 an und zählen damit zusammen mit Borussia Dortmund und dem FC Schalke 04 zu den drei durchgängig in der Oberliga West spielenden

Vereinen. Allerdings gelang Aachen in dieser Zeit nie die Qualifikation für die Endrunde der Deutschen Meisterschaft. Jedoch erreichte die Alemannia 1953 zum ersten Mal das DFB-Pokalfinale, in dem sie am 1. Mai 1953 im Düsseldorfer Rheinstadion Rot-Weiss Essen mit 1:2 (0:2) unterlagen.

Bei der Gründung der Bundesliga im Jahre 1963 wurde der Alemannia die Aufnahme verwehrt, obwohl der amtierende Präsident Gerd Heusch einen 12-Punkte-Katalog zur Aufnahme Alemannias in die neue Liga vorlegte, in dem er unter anderem auf die geordneten wirtschaftlichen Verhältnisse, den geplanten Stadionausbau für 42.000 Zuschauer, die ununterbrochene Zugehörigkeit zur Oberliga West und die Tatsache, der größte Rasensportverein Nordrhein-Westfalens zu sein, hinwies. Der Aufnahmeantrag für Alemannia wurde dennoch nicht genehmigt, wogegen der Verein beim DFB protestierte und sogar ein ordentliches Gericht anrief, da wichtige Funktionäre zugesagt hatten, eine Aufstockung auf 18 Vereine zu beantragen und der Alemannia so noch die Teilnahme zu ermöglichen, in der entscheidenden Sitzung jedoch gegen die Aufstockung stimmten. Der Präsident der damaligen Bundesliga-Gründungskommission war Franz Kremer, gleichzeitig auch Präsident des 1. FC Köln. Insofern kann eine Voreingenommenheit des Präsidenten und das Ziel, mögliche Konkurrenten (wie Alemannia) klein zu halten, nicht ausgeschlossen werden. Alle Proteste blieben jedoch ohne Erfolg, und so spielte die Alemannia fortan in der zweitklassigen Regionalliga West. 1964 wurden die Aachener Meister der Regionalliga, im Jahr darauf hinter Borussia Mönchengladbach immerhin Vize und nahmen jeweils an der Aufstiegsrunde zur Bundesliga teil, jedoch konnten sie sich beide Male nicht gegen die Konkurrenz durchsetzen. 1964 mussten sie Hannover 96 den Vortritt lassen, 1965 gewann der FC Bayern München die Aufstiegsgruppe, sodass die

Alemannia weiterhin zweitklassig blieb. Dafür gelang Aachen 1965 zum zweiten Mal der Einzug in das Finale des DFB-Pokals. Nach einem 4:3 nach Verlängerung im Halbfinale gegen den FC Schalke 04 stand die Alemannia im Finale gegen Borussia Dortmund. In Hannover unterlag sie mit 0:2 gegen die Westfalen.

Aufstieg in die Bundesliga und Vize-Meister

1967 wurden die Aachener erneut Tabellenerster der Regionalliga. Im dritten Anlauf gelang dem Verein endlich der ersehnte Aufstieg in die Bundesliga. In einer Gruppe mit Kickers Offenbach, dem 1. FC Saarbrücken, Göttingen 05 und Tennis Borussia Berlin gewannen die Aachener sechs ihrer acht Spiele und schafften so den Einzug ins Oberhaus. Maßgeblich am Aufstieg beteiligt war Hans-Jürgen Ferdinand, der in der Aufstiegsrunde acht Treffer erzielte. In der ersten Bundesligasaison 1967/68 erreichten die Aachener einen achtbaren elften Tabellenplatz. In der folgenden Saison spielte die Alemannia fulminant auf und wurde am Ende Vize-Meister, acht Punkte hinter dem FC Bayern München. Die Ernüchterung folgte jedoch bereits in der folgenden Spielsaison. Mit 83 Gegentoren und nur einem einzigen Auswärtspunkt stiegen die Aachener als Tabellenletzter ab.

Im Jahr nach dem Abstieg in die Regionalliga West gelang der angestrebte Wiederaufstieg nicht, die Mannschaft erreichte aber das Halbfinale des DFB-Pokals. 1971 verpasste man den Aufstieg als Vierter nur knapp, der dafür verantwortlich zeichnende Trainer Gunther Baumann wurde allerdings entlassen. Im darauffolgenden Jahr wurden elf neue Spieler geholt.

2. Bundesliga

Die Alemannia schaffte 1973/74 die Qualifikation zur neu
gegründeten 2. Bundesliga, doch die finanziellen Probleme
des Klubs nahmen immer mehr zu, auch die Vereinsführung
wurde immer wieder umbesetzt. Reinhold Münzenberg wurde
zum Präsidenten gewählt, mehrere Bundesliga-Klubs wie der
FC Schalke 04 gastierten im Tivoli-Stadion, um der Alemannia
Einnahmen zu bescheren. In den nächsten Jahren spielte der
Verein in der 2. Bundesliga, die oft angepeilte Rückkehr in die
Bundesliga gelang Aachen jedoch nicht. 1977/78 konnte sich
der Klub sogar erst im letzten Spiel der Saison den
Klassenerhalt sichern.In der Spielzeit 1980/81 konnte sich die
Alemannia für die eingleisige 2. Bundesliga qualifizieren, die
ein Jahr später ihren Spielbetrieb aufnahm. Von 1981 an
arbeiteten sieben Trainer in drei Jahren bei Alemannia
Aachen, doch keiner von ihnen konnte das Team zum Aufstieg
in die Bundesliga führen. Im Jahr 1984 trat Präsident Egon
Münzenberg, Neffe des Reinhold Münzenberg, zurück und der
neue Vereinsvorstand um Bubi Hirtz konnte mit Mühe eine
Insolvenz des Klubs vermeiden. 1985/86 und in der
darauffolgenden Spielzeit verpasste man den Aufstieg in die
Bundesliga nur knapp. In der Spielzeit 1988/89 traten
allerdings erneut schwerwiegende finanzielle Probleme auf,
sodass mehrere Leistungsträger verkauft werden mussten.
Bei der Jahreshauptversammlung 1989 verstarb zudem
Geschäftsführer Bert Schütt an einem Herzanfall, nachdem er
heftig kritisiert worden war. Die Versammlung musste
abgebrochen werden, der Aufstieg wurde auch in dieser
Saison nicht erreicht.

Abstieg und Wiederaufstieg

1990 stieg der mittlerweile hoch verschuldete Verein in die Oberliga Nordrhein ab und spielte somit erstmals in seiner Vereinsgeschichte drittklassig. Mit großem Engagement führte in jener Zeit von 1992 bis 1996 Heinz-Gregor Johnen die Alemannia und haftete als Präsident in beachtlichem Umfang für den Verein und rettete sie so durch finanziell schwierige Zeiten. Den Wiederaufstieg verpassten die Aachener in der Folgezeit mehrmals sehr knapp und so spielten sie ab 1994 in der wieder gegründeten Regionalliga. Dort kam Aachen zunächst nicht über Mittelfeldränge hinaus, bis 1999 endlich die lang ersehnte Rückkehr in die 2. Bundesliga gelang. Dieser Wiederaufstieg war jedoch auch eng mit einem tragischen Schicksalsschlag verbunden. Wenige Tage vor dem entscheidenden Aufstiegsspiel gegen die SpVgg Erkenschwick brach während eines Waldlaufs mit seiner Mannschaft Erfolgstrainer Werner Fuchs zusammen und verstarb im Alter von nur 50 Jahren an einem Herzinfarkt.

Rückkehr in die Bundesliga, DFB-Pokal und UEFA-Pokal

Von 1999 bis 2006 spielte die Alemannia in der 2. Bundesliga. Zwischen 2003 und 2005 belegte sie dreimal in Folge den 6. Tabellenplatz und war 2004 der Rückkehr in die Bundesliga so nahe wie seit dem ersten Bundesligaaufstieg 1967 nicht mehr. Erstmals stand die Alemannia noch vor dem letzten Spieltag auf einem Aufstiegsplatz, verlor jedoch beim Karlsruher SC. Einen großen Erfolg feierten die Alemannen dennoch in der Saison 2003/04, als sie zum dritten Mal in der

Vereinsgeschichte das Finale des DFB-Pokals erreichten. Unvergessen ist das Spiel vom 4. Februar 2004 auf dem Tivoli, wo die Alemannia den FC Bayern München in einem packenden Spiel mit 2:1 besiegten. Nachdem die Aachener unter anderem die Erstligisten TSV 1860 München, FC Bayern München und Borussia Mönchengladbach ausschalten konnten, unterlagen sie im Endspiel gegen Werder Bremen mit 2:3. Da die Bremer als Deutscher Meister für die Champions League qualifiziert waren, war Alemannia Aachen erstmals für den UEFA-Pokal qualifiziert.

Nachdem die Aachener in der ersten Runde den isländischen Vertreter FH Hafnarfjörður ausschalteten, gelang ihnen unter anderem durch Siege gegen OSC Lille und AEK Athen in der neu geschaffenen Gruppenphase sogar die Qualifikation für die Runde der letzten 32. Nach einem 0:0 im Hinspiel gegen den niederländischen Vertreter AZ Alkmaar verlor Aachen das Rückspiel nach Führung knapp mit 1:2 und schied aus.

Durch den Finaleinzug im DFB-Pokal und die Einnahmen aus dem Europacup konnten sich die Aachener jedoch wirtschaftlich vollständig sanieren. In der Saison 2005/06 gelang schließlich nach 36 Jahren der Wiederaufstieg in die Bundesliga.

Gegenwart (seit 2007)

Alemannia Aachen beendete die Saison 2006/07 mit 34 Punkten auf dem 17. Tabellenplatz und stieg wieder in die 2. Bundesliga ab. Von 2007 an hielt sich Alemannia Aachen zunächst zwei Jahre in der oberen Tabellenhälfte auf, wurde Siebter und Vierter. Doch 2009/10 erreichte die Alemannia nur den 13. Rang. Grund dafür waren unter anderem erneute schwere finanzielle Schwierigkeiten, die Stadt Aachen rettete den Verein mit einer Bürgschaft vor dem drohenden Lizenzentzug. Die finanziellen Probleme waren vor allem durch nicht kalkulierte Kosten beim Bau des Neuen Tivoli entstanden, der am 12. August 2009 eröffnet wurde. Trotz der Bürgschaft der Stadt mussten einige Leistungsträger des Teams verkauft werden.

Nach einem 10. Platz in der Saison 2010/11 fand sich die Alemannia 2011/12 im Abstiegskampf wieder, und in der Vereinsführung gab es einige personelle Veränderungen. Auf der Mitgliederversammlung am 29. März 2012 wurde Meino Heyen zum neuen Präsidenten des TSV Alemannia Aachen gewählt. Er beerbte damit Alfred Nachtsheim, der nicht mehr kandidiert hatte. Am 25. April 2012 gab der Aufsichtsratsvorsitzende Meino Heyen aufgrund der sportlich negativen Situation die Auflösung des Vertrages mit dem seit 1. Januar 2010 bei Alemannia Aachen tätigen Manager Erik Meijer bekannt. Am Saisonende belegte die Alemannia, nachdem zwei Trainerwechsel keine sportliche Wende bewirkt hatten, den vorletzten Platz und stieg in die 3. Liga ab.

In dieser wurde man 20. und damit Letztplatzierter und stieg in die Regionalliga West ab, in der man seit der Saison 2013/14 spielt.

Insolvenzverfahren

Auch infolge der zwei Abstiege und der damit verbundenen geringeren Einnahmen verschlechterte sich die Finanzlage der Alemannia Aachen GmbH dramatisch. Da die Alemannia die

Schulden vom Tivoli-Neubau nicht mehr ausreichend tilgen konnte, geriet auch die Stadt Aachen als einer der Hauptgläubiger unter weiteren Druck, da deren eigene finanzielle Lage bereits ein Haushaltssicherungskonzept erforderte.[8] Am 31. Oktober 2012 wurde Geschäftsführer Frithjof Kraemer mit sofortiger Wirkung abberufen, und es konnte mit einem neuen Sanierungskonzept die – nach dem Frühjahr 2012 – erneut drohende Insolvenz der Gesellschaft vorerst abgewendet werden. Am 16. November 2012 beantragte die Alemannia Aachen GmbH ein Insolvenzplanverfahren. Sie sollte die Saison in der Dritten Liga zu Ende spielen und in der Folgesaison neu in der Regionalliga West antreten, sollte die Eröffnung des Insolvenzverfahrens nicht vor dem 30. Juni 2013 eintreten oder bis dahin doch noch endgültig abgewendet werden. Noch im November wurde Strafanzeige gegen den ehemaligen Geschäftsführer durch die Stadt Aachen erstattet und die Staatsanwaltschaft nahm die Ermittlungen auf. Am 31. Januar 2013 wurden dem Verein wegen bestehender Liquiditätslücken weitere Spielerzugänge vom DFB verboten. Am Ende der Saison 2012/13 stieg die Alemannia als Tabellenletzter in die Regionalliga West ab.

Im Dezember 2013 gab der Insolvenzverwalter Rolf-Dieter Mönning bekannt, dass das Insolvenzverfahren zum Ende 2013 beendet sein wird. Juristische Probleme stehen aber noch u.a. dem ehemaligen Geschäftsführer Frithjof Kraemer sowie dem ehemaligen Sportdirektor Erik Meijer und dem Fußballspieler Babacar Guèye bevor.

DIE SPIELSTÄTTE

Radrennbahn im Zoologischen Garten

Die erste Spielstätte von 1901 bis 1904 war im Innenraum der Radrennbahn im Zoologischen Garten im heutigen Aachener Westpark.

Waldspielplatz im Aachener Stadtwald

Von 1904 bis 1907 spielte man auf dem Waldspielplatz im Aachener Stadtwald. Auf diesem Gelände befindet sich heute das Aachener Waldstadion.

Sportplatz Siegel

Im Jahr 1907 nutzte man den Sportplatz Siegel, wo heute noch der Burtscheider Turnverein 1873 beheimatet ist.

Sportplatz Tivoli

Ab März 1908 vermietete die Stadt Aachen der Alemannia das Gelände des alten Landgutes Tivoli am früheren Sandkaulsteinweg 205, der heutigen Krefelder Straße (B57) und baute den Sportplatz Tivoli unter großem Aufwand in Eigenarbeit aus. Dieses Gelände wurde später durch den

Postsportverein 1925 Aachen (PTSV Aachen) bis zum Bau des neuen Tivoli im Februar 2008 genutzt.

Alter Tivoli

Der alte Tivoli war ein Fußballstadion in Aachen und Austragungsort für Fußballspiele. Zuletzt war es das Heimstadion der U23 von Alemannia Aachen. Die Zweitliga-Mannschaft spielte dort bis Mai 2009. Das erste Stadion an der heutigen Stelle in Aachen wurde bereits 1928 eröffnet; der alte Tivoli fasste 21.300 Zuschauer und bot 3.700 Sitzplätze und 17.600 Stehplätze. Der alte Tivoli lag in der Soers am nördlichen Rand der Innenstadt an der Krefelder Straße (B 57), unweit der A 4. Das Stadion wurde abgerissen. Seit 2013 werden auf dem Gelände Wohnhäuser gebaut.

Der Name des Stadions stammt von dem Sportplatz Tivoli hervor gegangen vom nordwestlich des Lousbergs gelegenen, früheren großen Gut Tivoli, dessen Park an die Gärten des italienischen Ortes Tivoli erinnerte. Im 19. Jahrhundert gehörte dieses Gut Hof-Photograph Jacob Wothly.

Geschichte

Der alte Tivoli fasste zu seiner Einweihung am 3. Juni 1928 bei dem 4:3 gewonnenen Eröffnungsspiel gegen Preussen Krefeld 10.000 Zuschauer. Bereits zehn Jahre später musste man jedoch zur Deutschen Meisterschaft 1939 in das Aachener Waldstadion ausweichen, da die Kapazität des alten Tivoli dem Zuschauerandrang nicht mehr gewachsen war.

Im Jahr 1953 begannen die ersten größeren Ausbauten, wodurch der alte Tivoli langsam das Aussehen bekam, welches bis 2011 noch weitestgehend existierte: Im Herbst 1953 wurde der südliche Stehplatzwall eingeweiht, das spätere Marathontor in der südöstlichen Ecke des Stadions sowie der Spielertunnel wurden errichtet. Die Kapazität betrug zum Ende dieser Arbeiten 20.000 Zuschauer.

Im Frühjahr 1957 beschloss man, die Sitztribüne zu überdachen, den Würselener Wall auf eine Kapazität von 11.000 Zuschauern zu erweitern und eine Flutlichtanlage zu errichten. Am 28. August 1957 fand das Einweihungsspiel der neuen Flutlichtanlage sowie der neuen Tribünen statt. Die Alemannia verlor das Spiel gegen Espanyol Barcelona vor einer Rekordkulisse von 35.000 Zuschauern mit 2:4. Die neue Flutlichtanlage zählte damals zu den Modernsten in ganz Europa. Einige Wochen später wurde der bis heute noch gültige Zuschauerrekord für den alten Tivoli mit (inoffiziell) 40.000 Zuschauern gegen Schalke aufgestellt.

Nach Abschluss der Saison 1957/58 wurden die Stehplatzränge mit Wellenbrechern ausgestattet, nachdem im April 1958 bei einem Spiel gegen den 1. FC Köln ein Absperrgitter gebrochen war.

Mit dem Aufstieg in die Bundesliga 1967 wurde auf dem Aachener Wall eine provisorische Stahlrohrtribüne mit 1.300 Sitzplätzen errichtet, die die zwischenzeitlich durch Sicherheitsauflagen und kleinere Umbauten verringerte Kapazität des Stadions auf 29.900 Zuschauer brachte.

In den folgenden Jahren wurden nur kleinere Maßnahmen durchgeführt. Im Jahr 1973 wurde ein neues Umkleidehaus gebaut, ein neuer Aufgang zum Würselener Wall errichtet, der Platz mit einer Entwässerungsanlage ausgestattet und die

Stehplatzränge erneuert. Zudem kamen am Würselener Wall neun Ränge hinzu, die das Fassungsvermögen des Stadions auf 32.000 Zuschauer erhöhten.

Mit der Überdachung der Gegentribüne auf der Ostseite erhielt das Stadion im Februar 1980 sein bis zum Abriss bestehendes Aussehen. Offiziell eingeweiht wurde das neue Dach beim Heimspiel gegen Arminia Bielefeld (2:3) am 3. Februar 1980. Das Vorhaben kostete 440.000 DM. Die Gesamtkapazität wurde durch die neue Konstruktion leicht vermindert.

1999 wurde die Rasenfläche erneuert, um eine Rasenheizung erweitert und der leichte Höhenunterschied nivelliert. Die Beschallungsanlage und die Flutlichtanlage wurden erneuert. Im Winter 2000 wurden die Schalensitze aus dem alten Sportpark Kaalheide von Roda JC Kerkrade an die Alemannia gestiftet und auf die Holzbänke der Sitzplatztribünen geschraubt. 2003 wurden die Trainerbänke vor die Sitzplatztribüne verlegt und Fangnetze installiert, nachdem im November 2003 der Nürnberger Trainer Wolfgang Wolf von einem Wurfgegenstand aus dem Zuschauerraum getroffen wurde.

Schließlich wurden 2004 komplett neue Sitzschalen montiert, neue Drainagen gelegt und die Fläche zwischen Spielfeld und Zaun mit Steinen befestigt.

Am 24. Mai 2009 fand das letzte Bundesliga-Spiel auf dem alten Tivoli statt, das die Alemannia mit 4:0 gewann. Am 26. Juli 2009 besiegten die Aachener beim letzten Freundschaftsspiel auf dem alten Tivoli Werder Bremen mit 3:2. Ab Saison 2009/2010 finden die Spiele in einem neuen Stadion, das ebenfalls Tivoli heißt, statt. Die zweite Mannschaft von Aachen startete allerdings am 14. August 2010 mit ihrem ersten Heimspiel in der Saison 2010/2011 noch eine weitere Saison auf dem alten Tivoli, bevor das Grundstück ausgeschrieben und das Stadion abgerissen wurde. Das letzte Liga-Spiel fand am 7. Mai 2011 statt. Alemannia Aachen II gewann mit 3:1 gegen Schwarz-Weiß Essen, gefolgt vom letzten Spiel, bei dem die Traditionsmannschaft gegen eine Fanauswahl antrat.

Nach dem Abriss, der schon ab dem 1. Juni 2011 erfolgen sollte, jedoch offiziell mit einem Pressetermin am 26. September 2011 begann, begann die Stadt damit, das 10.300 m² große Gelände zu verkaufen. Gebaut wurde seitdem ein Verbrauchermarkt, eine Kindertagesstätte, Büroflächen und Einfamilienhäuser. Im Bau befinden sich weitere Einfamilienhäuser und der neue Firmensitz der Saint-Gobain Glass Deutschland.

Rekorde

Die höchste Zuschauerzahl auf dem alten Tivoli ist inoffiziell 40.000 Zuschauer beim Oberliga-Spiel Alemannia - FC Schalke 04 vom 6. Oktober 1957. Der Minusrekord, das Geisterspiel gegen den 1. FC Nürnberg im Jahr 2004 nicht berücksichtigt, sind 600 Zuschauer beim Heimspiel gegen den Rheydter SV am 7. Mai 1994 in der Oberliga Nordrhein. Der höchste Saisonschnitt der Alemannia auf dem alten Tivoli datiert aus der Saison 1967/68 in der Bundesliga mit durchschnittlich 21.235 Zuschauern, der schlechteste Schnitt aus der Oberliga Nordrhein-Saison 1991/92, wo nur 2.467 Zuschauer im Schnitt zur Alemannia kamen.

Der neue Tivoli

Die Stadt Aachen, der Oberbürgermeister Jürgen Linden und der Verein Alemannia Aachen planten seit ca. 2004 den Bau eines neuen Stadions. Obwohl zunächst ein Neubau in der Nähe des Flugplatzes Merzbrück vorgeschlagen worden war, wurde im Mai 2006 ein Bau am alten und historischen Standort beschlossen, nachdem sich Fans und Aachener Bürger für eine Lösung innerhalb der Stadtgrenzen eingesetzt hatten. Darüber hinaus arbeiteten die organisierten Fans und Fangruppen zwei Positionspapiere mit realistischen und umsetzbaren Wünschen und Anforderungen an einen Stadionneubau aus, welche beim Stadionbau auch weitgehend berücksichtigt und umgesetzt wurden. So befinden sich beispielsweise die steilen Tribünen so nah wie nach den geltenden UEFA-Regularien nur irgendmöglich am Spielfeld. Die erste Zuschauerreihe ist daher nur 80 cm über dem Spielfeldniveau erhöht und der Abstand zum Spielfeld beträgt an den Seiten nur 6 Meter, hinter den Toren 7,5 Meter. Das markante gelbe Metalldach des Stadions ist zur Förderung einer lauten Akustik sehr tief angeordnet und liegt nicht wie sonst üblich oben auf der Tragkonstruktion auf, sondern befindet sich stattdessen darunter. Die Stadionarchitektur des Tivolis ist klar, einfach und puristisch gehalten und orientiert sich in Teilen an seinem Vorgänger, dem alten Tivoli in Aachen.

Im September 2007 wurde das Ausschreibungsverfahren abgeschlossen, bei welchem vom Verein unter anderem den Fans, Vereinsmitgliedern und Bürgern der Stadt nach einer Vorauswahl drei Bieterentwürfe öffentlich vorgestellt und zur Abstimmung vorgeschlagen wurden. Als Sieger des Verfahrens ging die Hellmich-Gruppe aus Dinslaken mit dem auch von den Fans und Bürgern deutlich favorisierten Entwurf des Architekten Stefan Nixdorf vom Architekturbüro agn Niederberghaus & Partner hervor. Die Hellmich-Gruppe war bereits am Bau der Arena auf Schalke, der MSV-Arena in Duisburg und der Brita-Arena in Wiesbaden beteiligt. Im Februar 2008 begannen schließlich mit dem Fällen von Bäumen auf dem ehemaligen Gelände des Postsportverein 1925 Aachen (PTSV Aachen) die ersten Arbeiten. Der Spatenstich zum Bau der Arena erfolgte einige Monate später am 17. Mai 2008. Die letzten Tribünenteile wurden Ende Februar 2009 eingesetzt, nachdem im Monat zuvor bereits mit der Montage der ersten Dachteile begonnen worden war. Bauherr, Eigentümer und Betreiber ist die vom Verein dafür eigens gegründete Alemannia Stadion GmbH, die ein hundertprozentiges Tochterunternehmen der vereinseigenen Alemannia Aachen GmbH darstellt, die den Spielbetrieb des Profikaders leitet.

Das Stadion wurde am 12. August mit einem Freundschaftsspiel gegen den belgischen Zweitligisten Lierse SK eröffnet. Das Spiel endete 2:2 Unentschieden. Das erste Tor im neuen Stadion gelang dabei dem Lierser Mohamed El-Gabas. Das erste Pflichtspiel fand am 17. August 2009 gegen den FC St. Pauli statt. Die Partie endete mit 0:5 und stellt damit die höchste Aachener Heimniederlage der Zweitliga-Geschichte dar. Das erste Pflichtspieltor erzielte dabei kurioserweise der ehemalige Aachener Marius Ebbers. Zudem wurde die Partie durch einen Unglücksfall auf der Gästetribüne überschattet.

Das erste Länderspiel im Stadion wurde am 4. September 2009 zwischen der deutschen U21 Nationalmannschaft und San Marino als Qualifikationsspiel für die U-21-Fußball-Europameisterschaft 2011 ausgetragen. Am 13. Mai 2010 fand außerdem ein Benefizspiel zwischen der deutschen Fußballnationalmannschaft und der maltesischen Fußballnationalmannschaft statt, und am 7. Juni 2011 spielte die deutschen Frauen-Nationalmannschaft gegen die Niederlande.

Seit dem 14. April 2014 ist der Tivoli das erste Stadion in Deutschland, das mit einer FIFA zertifizierten Torlinientechnologie dem System GoalControl ausgestattet ist.

Zur Fußball-Weltmeisterschaft 2014 gab es alle Spiele der Deutschen Fußballnationalmannschaft beim Rudelgucken. Es wurde ausschließlich die überdachte Stehplatztribüne (Bitburger-Wall) für ca. 5.200 Zuschauern geöffnet.

Umfeld

Die Stadt Aachen, der Aachen-Laurensberger Rennverein (Pferdesport und Veranstalter des CHIO) und Alemannia Aachen verabschiedeten ein integriertes Veranstaltungs- und Flächenmanagement für einen Sportpark Soers. Ein Großteil des zukünftigen Sportgeländes, darunter Parkplatz- und Grünflächen, wird mit dem Aachener Reitstadion zusammen genutzt.

Auf der Westseite des Stadions befindet sich eine Promenade mit einer großen Freitreppe, die z. B. für Public Viewing genutzt werden kann. Darüber hinaus schließen sich das Parkhaus Tivoli, fünf Trainingsplätze, davon zwei Kunstrasenplätze auf dem Dach des Parkhauses, sowie das Nachwuchsleistungszentrum unmittelbar an.

An der zur Krefelder Straße hin orientierten Ostfassade des Stadions befindet sich ein Fanshop und die Fankneipe mit dem selbstironischen Namen „Klömpchensklub", welcher gleichzeitig ein traditioneller Spitzname für die Alemannia Aachen selber ist und liebenswert verniedlichend auf eine allgemeine Unprofessionalität im Klub anspielt. Darüber prangt der großdimensionierte, weithin sichtbare und abends beleuchtete Schriftzug mit dem Stadionnamen „TIVOLI".

Kapazität

Das Stadion weist eine Kapazität von 32.960 Plätzen auf, die sich wie folgt verteilen: 11.681 Stehplätze, davon allein 10.584 auf der Südtribüne (Bitburger Wall), 19.345 Sitzplätze, 1.348 Business-Seats, 28 Logen mit je zwölf Plätzen, 100 Behinderten-Plätze sowie 110 Presseplätze. Zusätzlich bieten zwei Eventlogen Raum für weitere 40 Gäste. Um den Service für behinderte Fans weiter zu verbessern, wurden von den Behindertenplätzen zehn Plätze für Sehbehinderte geschaffen, die das Geschehen auf dem Rasen mittels einer speziellen Sendetechnik von einem eigenen Reporter geschildert bekommen.

Für den Fall eines internationalen Spieles reduziert sich die Kapazität durch Umrüstung der Steh- in Sitzplätze auf 27.250 Plätze. Dieser Fall trat zum ersten Mal am 13. Mai 2010 beim Spiel der deutschen Nationalmannschaft gegen Malta ein.

Namensrechte

Um den traditionellen Namen für das neue Stadion zu erhalten und die durch den Verzicht auf Verkauf der Namensrechte entgangenen Einnahmen zu kompensieren, wird auf die Eintrittspreise (bereits eingerechnet und nicht gesondert aufgeführt) ein Aufschlag von einem Euro erhoben, der sogenannte „Tivoligroschen".

Zudem wurde eine als „Tivoli-Anleihe" bezeichnete Inhaber-Schuldverschreibung aufgelegt, die sich in erster Linie an Vereinsanhänger richtete und in Stückelungen von 100, 200 und 500 Euro ausgegeben wurde. Insgesamt kamen so 4.211.500 Euro von rund 4.500 Zeichnern zusammen. Das Geld sollte für fünf Jahre fest mit sechs Prozent pro Jahr verzinst und im August 2013 zu 100 Prozent zurückgezahlt werden. Da die Alemannia aber Ende 2012 Insolvenz angemeldet hat, ist die Anleihe wohl als Totalverlust anzusehen.

Außerdem vertreibt der Verein seit einigen Jahren diverse Fanartikel und eine eigene Kleidungskollektion, die den Stadionnamen Tivoli tragen.

Eine weitere Besonderheit im Hinblick auf den Stadionnamen und dessen Vermarktung ist die Tatsache, dass die Spielertrikots seit der Saison 2009/2010 hinten auf dem Kragen ebenfalls den Stadionnamen Tivoli tragen. Dies hat die DFL ausschließlich auf Grund der Bedeutung des Stadionnamens für den Verein und seine Anhänger genehmigt.

Das Stadion wurde schnell zum "Millionengrab" da die Heimstärke der Alemannia auf dem alten Tivoli im neuen Stadion nicht fortgesetzt werden konnte. Durch das Insolvenzverfahren, die zwei Abstiege und die hohen laufenden Kosten für den Tivoli wurde deshalb erwogen, für die Saison 2013/14 ins Karl-Knipprath-Stadion des SC Jülich umzuziehen. Dieses Stadion fasst wegen Umbauarbeiten nur 5500 Zuschauer, sodass der Plan nicht umgesetzt wurde.

Seit 2013 sucht die Stadt Aachen einen Käufer oder Investor für den Tivoli. Der Stadt kostet der 60-Millionen-Euro-Bau jährlich etwa 3,5 Millionen Euro.

ALEMANNIA AACHEN UND DIE LIGAZUGEHÖRIGKEIT ZUR BUNDESLIGA

Alemannia Aachen liegt in dieser mit 4 Jahren in der Bundesliga auf Platz 36 in der Tabelle der Ligazugehörigkeit zur Bundesliga.

Die gesamte Tabelle sieht im Jahr 2014 so aus:

Club	Spielzeiten im Wettbewerb
Hamburger SV	50
SV Werder Bremen	49
VfB Stuttgart	48
FC Bayern München	48
Borussia Dortmund	46
FC Schalke 04	45
Borussia M'gladbach	45
1.FC Kaiserslautern	44
Eintracht Frankfurt	44
1.FC Köln	43
VfL Bochum	34
Bayer 04 Leverkusen	34
1.FC Nürnberg	31
Hertha BSC	30

MSV Duisburg	28
Hannover 96	25
Karlsruher SC	24
Fortuna Düsseldorf	23
Eintracht Braunschweig	20
TSV 1860 München	20
Arminia Bielefeld	17
VfL Wolfsburg	16
SC Freiburg	14
KFC Uerdingen 05	14
FC Hansa Rostock	12
FC St. Pauli	8
SV Waldhof Mannheim	7
1.FSV Mainz 05	7
Rot-Weiss Essen	7
Kickers Offenbach	7
FC Energie Cottbus	6
1899 Hoffenheim	5
1.FC Saarbrücken	5
Rot-Weiß Oberhausen	4
SG Wattenscheid 09	4

Alemannia Aachen	4
SG Dynamo Dresden	4
Borussia Neunkirchen	3
FC Homburg	3
Wuppertaler SV	3
FC Augsburg	2
Tennis Borussia Berlin	2
SV Stuttgarter Kickers	2
SpVgg Unterhaching	2
SV Darmstadt 98	2
SC Preußen Münster	1
SSV Ulm 1846	1
SC Tasmania 1900 Berlin	1
SpVgg Greuther Fürth	1
SC Fortuna Köln	1
VfB Leipzig	1
Blau-Weiß 90 Berlin	1

ERFOLGE VON ALEMANNIA AACHEN

- 1947 Gründungsmitglied der Oberliga West und durchgängige Ligazugehörigkeit

<u>Vize-Pokalsieger</u>

- 1953, 1:2 gegen Rot-Weiss Essen, in Düsseldorf am 1. Mai

- 1965, 0:2 gegen Borussia Dortmund, in Hannover am 22. Mai

- 2004, 2:3 gegen Werder Bremen, in Berlin am 29. Mai

<u>Pokal-Halbfinale</u>

- 1967, 1:3 gegen den Hamburger SV

- 1970, 0:4 gegen den 1. FC Köln

<u>Mittelrheinpokalsieger</u>

- 1993, 1994, 1997, 1999

- 2002, 2006 – Alemannia Aachen Amateure

<u>Bundesliga-Aufstieg</u>

- 1967 als Meister der Regionalliga West und der Aufstiegsrunde

- 2006 als Vizemeister der 2. Bundesliga

- Vizemeister 1969

<u>UEFA-Cup:</u>

- Sechzehntelfinale 2005

- 3 Siege (bei FH Hafnarfjörður , gegen OSC Lille und bei AEK Athen)

- 3 Unentschieden (Hafnarfjörður, Zenit Sankt Petersburg und AZ Alkmaar)

- 2 Niederlagen (bei FC Sevilla und Alkmaar)

seit Dezember 2009 Tabellenführer der ewigen Tabelle der 2. Bundesliga

Alle Titel

Saison	Titel
12/13	Abstieg aus der 3.Liga
11/12	Abstieg aus der 2.Liga
06/07	Abstieg aus der 1.Liga
05/06	Aufstieg in die 1.Liga
04/05	UEFA Cup Teilnehmer
03/04	Deutscher Pokalfinalist
98/99	Aufstieg in die 2.Liga
89/90	Abstieg aus der 2.Liga
69/70	Abstieg aus der 1.Liga
68/69	Deutscher Vizemeister
66/67	Aufstieg in die 1.Liga
64/65	Deutscher Pokalfinalist
52/53	Deutscher Pokalfinalist

In der ewigen Tabelle der Fußball-Bundesliga belegt der Alemannia Aachen den 33. Platz. Dieses Ergebnis wurde in 4 Jahren Zurgehörigkeit erzielt und kommt durch folgende Gesamtstatistik zu Stande:

4 Jahre BuLi-Zugehörigkeit, 136 Spiele, 43 Siege, 28 Unentschieden, 65 Niederlagen bei 186:270 Toren. Das ergibt eine Tordifferenz von - 84 bei 157 Punkten.

Dies bedeutet, Verteilt auf Heim- und Auswärtsspiele folgendes:

In der ewigen Heimtabelle belegt Alemannia Aachen den 34. Rang. In 68 Spielen hat man bei 31 Heimsiegen, 17 Unentschieden erzielt und 20 Niederlagen einstecken müssen. Das ganze bei einer Tordifferenz von 124:109 was in Summe +15 Tore ergibt. Zu Hause konnten stolze 110 erarbeitet werden.

Auswärts belegt Alemannia Aachen den 35. Platz. Natürlich wurden auch hier 68 Partien absolviert in denen 12 Siege, 11 Unentschieden gegenüberstehen. Niederlagen musste man in 45 Partien hinnehmen. Das ganze bei einer Tordifferenz von 62:161 Toren, was -99 Toren entspricht. Alemannia Aachen hat sich auf fremdem Geläuf insgesamt 47 Punkte erspielt.

PRÄSIDENTEN DES ALEMANNIA AACHEN

Der Vorstand des Alemannia Aachen setzt sich satzungsgemäß aus dem Präsidenten und seinen bis zu vier Stellvertretern zusammen. Gewählt werden der Präsident auf Vorschlag des Aufsichts-rats und die Vizepräsidenten auf Vorschlag des Präsidentschaftskandidaten durch die Jahres-hauptversammlung des Vereins. Ob Präsidiumsmitglieder haupt- oder ehrenamtlich tätig sind, entscheidet der Aufsichtsrat fallweise.

Präsidenten / Vorstand	Zeitraum
Prof. Dr.-Ing. Horst Heinrichs	01.07.2002 - 26.07.2009
Dr. Alfred Nachtsheim	03.11.2009 - 29.03.2012
Dr. Meino Heyen	29.03.2012 - 29.11.2012
Heinz Maubach	13.03.2014 –

TRAINER DES ALEMANNIA AACHEN

Diese Trainer haben in der Vergangenheit die Geschicke des Alemannia Aachen geleitet:

Trainer	Zeitraum
Karl Flink	1946 - Juni 1947
Viktor Havlicek	Juli 1947 - Juni 1948
Josef Kratz	September 1948 - Februar 1949
Fritz Pölsterl	Mai 1949 - Januar 1950
Emil Melcher	Juli 1950 - Juni 1951
Hermann Lindemann	Juli 1951 - Juni 1955
Schorsch Knöpfle	Juli 1955 - Juni 1958
Bela Sarosi	Juli 1958 - Oktober 1959
Helmut Kronsbein	Oktober 1959 - März 1962
Bert Schütt	März 1962 - Juni 1962
Oswald Pfau	Juli 1962 - Oktober 1965
Williberth Weth	Oktober 1965 - Juni 1966
Hennes Hoffmann	Juli 1966 - Januar 1967
Michael Pfeiffer	Januar 1967 - Juni 1969
Georg Stollenwerk	Juli 1969 - Dezember 1969
Williberth Weth –	Dezember 1969 - Juni 1970

Hermann Lindemann	Juli 1970 - Dezember 1970
V. Kottmann/Bert Schütt	Dezember 1970 - Juni 1971
Gunther Baumann	Juli 1971 - März 1972
Bert Schütt	März 1972 - Juni 1972
Barthel Thomas	Juli 1972 - Juni 1973
Michael Pfeiffer	Juli 1973 - September 1974
Gerhard Prokop	September 1974 - November 1974
Horst Witzler	November 1974 - Januar 1976
Gerhard Prokop	Januar 1976 - Mai 1978
Willi Haag	Mai 1978 - Juni 1978
Erhard Ahmann	September 1978 - August 1981
Ernst-Günter Habig	August 1981 - Dezember 1981
Josef Martinelli	Dezember 1981
Horst Buhtz	Dezember 1981 - November 1982
Slobodan Cendic	November 1982 - April 1983
Erhard Ahmann	April 1983 - Februar 1984
Rolf Grünther	Februar 1984 - Juni 1984
Werner Fuchs	Juli 1984 - Juni 1987
Diethelm Ferner	Juli 1987 - Dezember 1987
Peter Neururer	Dezember 1987 - April 1989
Rolf Grünther	April 1989 - September 1989

Mustafa Denizli	September 1989 - März 1990
Eckhard Krautzun	März 1990 - Juni 1990
Norbert Wagner	Juli 1990 - März 1991
Michael Schleiden	März 1991
Wilfried Hannes	März 1991 - August 1994
Helmut Graf	August 1994 - September 1994
Gerd vom Bruch	September 1994 - August 1996
Werner Fuchs	August 1996 - Mai 1999
André Winkhold	Mai 1999 - Juni 1999
Eugen Hach	Juli 1999 - Oktober 2001
Jörg Berger	Oktober 2001 - Mai 2004
Dieter Hecking	Juni 2004 - September 2006
Michael Frontzeck	September 2006 - Mai 2007
Guido Buchwald	Juni 2007 - November 2007
Jörg Schmadtke	November und Dezember 2007 als Interimstrainer
Jürgen Seeberger	Januar 2008 - September 2009
Willi Kronhardt	September 2009 - Interimstrainer
Michael Krüger	September 2009 - Mai 2010
Peter Hyballa	2010 - 13. September 2011
Ralf Aussem	13. September 2011 - 19.September 2011 als Interimstrainer

Friedhelm Funkel	19. September 2011 - April 2012
Ralf Aussem	1. April 2012 - 3. September 2012
Peter Schubert	3. September 2012 - 10. September 2012 als Interimstrainer
René van Eck	10. September 2012 - 30. Juni 2013
Peter Schubert	seit 3. Juni 2013 - ...

EHEMALIGE SPIELER VON ALEMANNIA AACHEN

- Sami Allagui
- Vladimir Beara
- Willi Bergstein
- Jörg Beyel
- Stefan Blank
- Andreas Brandts
- Christian Breuer
- Dennis Brinkmann
- Florian Bruns
- Leo Bunk
- Norbert Buschlinger
- Dirk Caspers

- Roger Claessen
- Hubert Clute-Simon
- Karl Del'Haye
- Günter Delzepich
- Jupp Derwall
- Wolfgang Dramsch
- Marius Ebbers
- Hans-Jürgen Ferdinand
- Torsten Frings
- Alfred Glenski
- Theo Gries
- Herbert Gronen
- Rolf Grünther
- Erwin Hermandung
- Valentin Herr
- Marco Höger
- Lewis Holtby
- Vedad Ibišević
- Ion Ionescu
- Fred Jansen
- Hans-Josef Kapellmann

- Hannes Kau
- Heinz-Josef Kehr
- Alexander Klitzpera
- Heinz-Gerd Klostermann
- Heinz-Josef Koitka
- Herbert Krisp
- Thomas Krisp
- Stephan Lämmermann
- Willi Landgraf
- Matthias Lehmann
- Josef Martinelli
- Erik Meijer
- Joaquín Montañés
- Reinhold Münzenberg
- Werner Nievelstein
- David Odonkor
- Gerhard Prokop
- Michael Pfeiffer
- Karlheinz Pflipsen
- Sérgio Pinto
- Bernd Rauw

- Laurențiu Reghecampf
- Simon Rolfes
- Bachirou Salou
- Jan Schlaudraff
- Moses Sichone
- Gerd Richter
- Zoltán StieberA
- Winfried Stradt
- Werner Tenbruck
- Dean Thomas
- Wayne Thomas
- Horacio Troche
- Eric van der Luer
- Erwin Vanderbroeck
- Branko Zebec
- Albert Streit
- Karl-Heinz Krott

DIE „JAHRHUNDERT-ELF"

Pos	Spieler
Torwart	Johannes Kau
AB	Herni Heeren
AB	Joaquin Montanes
AB	Alexander Klitzpera
AB	Bernhard Olck
MF	Hubert Clute-Simon
MF	Theo Gries
MF	Günter Delzepich
ST	Benjamin Auer
ST	Heinz-Josef Kehr
ST	Stephan Lämmermann
Trainer	Erhard Ahmann

WEITERE BESONDERHEITEN

Rekordspieler

Die nachfolgenden Listen zeigen die erfolgreichsten Spieler in der Bundesliga, dem DFB- bzw. Tschammer-Pokal und internationalen Pokalwettbewerben. Die Sortierung erfolgt nach Anzahl der gespielten Spiele bzw. erzielten Tore, bei gleicher Anzahl alphabetisch nach Nachnamen.

1. Bundesliga

Meiste Bundesligaspiele

1. Erwin Hermandung (98)

2. Rolf Pawellek (93)

3. Josef Thelen † (88)

4. Jupp Martinelli (84)

5. Erwin Hoffmann (83)

6. Herbert Gronen (81)

7. Christoph Walter † (74)

8. Karl-Heinz Bechmann (68)

9. Heinz-Gerd Klostermann (59)

10. Gerhard Prokop † (53)

Meiste Bundesligatreffer

1. Erwin Hermandung (19)
2. Heinz-Gerd Klostermann (17)
3. Hans-Jürgen Ferdinand (14)
4. Roger Claessen † (11)
5. Karl-Heinz Krott (10)
6. Ion Gheorghe Ionescu (10)
7. Alfred Glenski (9)
8. Erwin Hoffmann (9)
9. Hans-Josef Kapellmann (8)
10. Jan Schlaudraff (8)

2. Bundesliga

Meiste Bundesligaspiele

1. Norbert Buschlinger (282)
2. Joaquin Montanes (223)
3. Johannes Kau (197)

4. Willi Landgraf (188)

5. Günter Delzepich (179)

6. Bernhard Olck (156)

7. Cristian Fiél (149)

8. Friedhelm Frenken (142)

9. Alexander Klitzpera (140)

10. Stephan Straub (133)

Meiste Bundesligatreffer

1. Benjamin Auer (56)

2. Theo Gries (47)

3. Gernot Ruof (39)

4. Günter Delzepich (29)

5. Andreas Brandts (27)

6. Helmut Rombach (27)

7. Josef Ivanovic (22)

8. Egbert Zimmermann (21)

9. Josef Zschau (20)

10. Taifour Diane (20)

3. Liga

Meiste Ligaspiele

1. Marcel Heller (37)

2. Oguzhan Kefkir (32)

3. Timmy Thiele (29)

4. Timo Brauer (28)

5. Kristoffer Andersen (25)

6. Sascha Marquet (23)

7. Denis Pozder (23)

8. Sascha Herröder (23)

9. Mario Erb (21)

10. Kai Schwertfeger (20)

Meiste Ligatreffer

1. Oguzhan Kefkir (6)

2. Robert Leipertz (5)

3. Denis Pozder (5)

4. Timmy Thiele (5)

5. Marcel Heller (3)

6. Kai Schwertfeger (2)

7. Sascha Marquet (2)

8. Florian Müller (2)

9. Albert Streit (2)

10. Dario Schumacher (2)

Regionalliga West

Meiste Ligaspiele

1. Frederic Löhe (51)

2. Michael Lejan (48)

3. Rafael Garcia (46)

4. Peter Hackenberg (42)

5. Marcus Hoffmann (32)

6. Sascha Marquet (32)

7. Dennis Dowidat (32)

8. Domagoj Duspara (30)

9. Marco Neppe (30)

10. Tim Lünenbach (27)

Meiste Ligatreffer

1. Sascha Marquet (9)

2. Dennis Dowidat (8)

3. Rafael Garcia (8)

4. Fabian Graudenz (5)

5. Mazan Moslehe (5)

6. Marcus Hoffmann (4)

7. Sahin Dagistan (4)

8. Tim Jerat (3)

9. Abedin Krasniqi (3)

10. Kevin Behrens (3)

Elfmeter- die Helden vom Punkt

Folgende Liste zeigt alle Strafstoß-Schützen des Vereins Alemannia Aachen an.

Hier kann man sehen welcher Spieler, wie viele Elfer geschossen, verwandelt bzw. vergeben hat.

Top-Spieler	Elfmeter	Verwandelt	Verschossen	Quote
1.Bundesliga				
Erwin Hoffmann	7	6	1	14,3 %
Laurentiu Reghecampf	6	4	2	33,3 %
Matthias Lehmann	1	1	0	100,0 %
Jupp Martinelli	1	1	0	100,0 %
Ion Gheorghe Ionescu	1	1	0	100,0 %
Alfred Glenski	1	0	1	100,0 %
Herbert Gronen	1	0	1	100,0 %
Jan Schlaudraff	1	0	1	100,0 %
2.Bundesliga				
Theo Gries	7	7	0	100,0 %
Laurentiu Reghecampf	6	6	0	100,0 %
Frank Schmidt	6	6	0	100,0 %
Andreas Brandts	6	6	0	100,0 %

Ivica Grlic	6	4	2	33,3 %
Wayne Thomas	4	4	0	100,0 %
Sérgio da Silva Pinto	4	3	1	25,0 %
Marco Höger	4	3	1	25,0 %
Aimen Demai	4	3	1	25,0 %
Benjamin Auer	4	2	2	50,0 %
Karlheinz Pflipsen	4	2	2	50,0 %
Helmut Rombach	3	3	0	100,0 %
Leo Bunk	2	2	0	100,0 %
Stefan Blank	2	2	0	100,0 %
Bernhard Trares	2	1	1	50,0 %
Stephan Lämmermann	2	1	1	50,0 %
Jürgen Willkomm	1	1	0	100,0 %
Günter Delzepich	1	1	0	100,0 %
Mark Rudan	1	1	0	100,0 %
Norbert Dörmann	1	1	0	100,0 %
Markus Daun	1	1	0	100,0 %
Erik Meijer	1	1	0	100,0 %
Goran Sukalo	1	1	0	100,0 %
Hui Xie	1	1	0	100,0 %
Tolgay Arslan	1	1	0	100,0 %
Egbert Zimmermann	1	1	0	100,0 %

Mathias Schipper	1	1	0	100,0 %
Dietmar Berchtold	1	1	0	100,0 %
Matthias Lehmann	1	1	0	100,0 %
Hans-Jürgen Brunner	1	1	0	100,0 %
Josef Ivanovic	1	1	0	100,0 %
Hubert Clute-Simon	1	0	1	100,0 %
Dean Thomas	1	0	1	100,0 %
Heinz-Josef Kehr	1	0	1	100,0 %
Kai Michalke	1	0	1	100,0 %
Norbert Runge	1	0	1	100,0 %
Taifour Diane	1	0	1	100,0 %

3.Liga

Oguzhan Kefkir	1	1	0	100,0 %

Regionalliga West

Tim Jerat	2	1	1	50,0 %
Aimen Demai	1	1	0	100,0 %
Sascha Marquet	1	0	1	100,0 %

Vereinsschreck

Auch der Alemannia Aachen hat wie jeder andere Verein Spieler, die aus irgendeinem Grund einen „Lauf" in Spielen mit Ihrem jeweiligen Verein gegen Alemannia Aachen hatten. Am meisten hervorgetan in dieser Statistik hat sich Marius Ebbers, der in 13 Einsätzen gegen Alemannia Aachen unglaubliche 13 Treffer und 1 Vorlage erziehlen konnte.

Alemannia Aachen und das Tor des Monats

Der Alemannia Aachen belegt in der "Tor-des-Monats-Statistik" keinen Platz.

Hier die komplette Tabelle:

Mannschaft	Tore des Monats
FC Bayern München	66
Deutsche Nationalmannschaften	51
Borussia Mönchengladbach	38
1. FC Köln	37
FC Schalke 04	29
Borussia Dortmund	22
Werder Bremen	21
1. FC Kaiserslautern	17

Hamburger SV	16
Bayer 04 Leverkusen	15
VfB Stuttgart	16
Hertha BSC Berlin	13
Eintracht Frankfurt	10

Die TOP 10 der "Gastarbeiter"

Land	Top-Spieler	Position	Akt. Verein
Niederlande	Henri Heeren	Abwehr	Karriereende
Belgien	Bernd Rauw	Abwehr	SV Honsfeld
Türkei	Alper Uludag	Abwehr	Kayserispor
Polen	Lukasz Szukala	Abwehr	Steaua Bukarest
Bosnien-Herz.	Ivica Grlic	Mittelfeld	Karriereende
Kroatien	Domagoj Duspara	Mittelstürmer	Alemannia Aachen
Japan	Norikazu Murakami	Hängende Spitze	SV Honsfeld
Ghana	Edwin Bediako	Abwehr	Unbekannt
Italien	Pietro Callea	Mittelfeld	Karriereende
Österreich	Dietmar Berchtold	Mittelfeld	Karriereende

FANGESÄNGE ALEMANNIA AACHEN

Olè Alemannia olè

Kennst du den Aach'ner Tivoli,

hier zittern uns'res Gegners Spieler.

Und war's nicht so, wie's laufen soll,

die Alemannen sind nie allein!

Sie fürchten nicht des Gegners Wind,

selbst wenn er mal das Spiel bestimmt,

der Gesang von den ausverkauften Rängen klingt:

Refrain:

Olé Alemannia! Olé! Olé!

Olé Alemannia! Olé! Olé!

Olé Alemannia! Olé! Olé!

Olé Alemannia! Olé! Olé!

Wenn die Fans in der Kurve singen,

Stimmung auf den Tivoli bringen,

lassen die Papierchen fliegen,

ist der Heimsieg nicht mehr weit!

Dann stürmen uns're Spieler vor

und schießen uns das schönste Tor.

Von der Tribüne klingt der Alemannen-Chor:

Refrain:

Olé Alemannia! Olé! Olé!

Wir werden wieder Meister sein

und zieh'n in jedes Stadion ein.

Flutlicht leuchtet euch den Weg

ins gegnerische Tor!

Dann stürmt ihr vor dem Rampenlicht

und steht die Abwehr noch so dicht,

der Beistand von den Rängen,

der verläßt euch nicht:

Refrain: 2x

Olé Alemannia! Olé! Olé!

Alemannia Aachen wird nicht untergehen

Spielt am Sonntag unser Fußballklub,

treffe sich der Fränz än ouch deä Jupp.

Met Fahne, Trommele, Tröete än Hipp-Hipp-hurra,

treckt alles dörch de Süesch noh Alemannia.

Doch das Spiel, wie kann es anders sein,

das gewinnt der andere Verein.

Und beim Apfiff säät et Fränzje an der Jupp:

„Dat is än blievv deä selve Klömpchensklup!"

Refrain:

Wir brauchen keinen Seeler, keinen Brülls,

denn wir kaufen alle Spieler bei Marl-Hüls,

und wenn wir auch verlieren, nur das eine bleibt besteh'n:

Alemannia Aachen wird nicht untergeh'n!

Aber eins, aber eins, das bleibt besteh'n:

Alemannia Aachen wird nicht untergeh'n!

Wenn die Alemannia trainiert,

werden uns're Nerven strapaziert.

Könt der Nievelstein dann langs et Tor jeflitzt,

röft der Prokop: "Futt, Du bess ene Selbsttorspezialist!"

En deä ärme Thelen, dat woor schad, weät at widder
uusjelaat.

Deä Michel könt sich vöör bau wie ene Hampelemann,
da fing das Publikum auch noch zu singen an:

Refrain:

Wir brauchen keinen Seeler, keinen Brülls

....

Regenschauer über'm Tivoli,
geben für den Sieg die Garantie.
Führt auch unser Gegner die Tabelle an,
feuern Dreißigtausend die Schwarzgelben an.
3:0 in Rückstand steht das Spiel,
aber das bedeutet gar nicht viel.
Denn ömmer wenn et reänt, jewenne seä jeddes Match,
denn Alemannia speält et beiste en der Pratsch!

Refrain:

Wir brauchen keinen Seeler, keinen Brülls

....

Aber eins, aber eins, das bleibt besteh'n:
Alemannia Aachen wird nicht untergeh'n!

Wir sind wieder da

Aachen, Aachen, Aachen, Aachen, Aachen, Aachen, Aachen

König Fußball hat einen Namen: Alemannia!

Jedes Spiel in jeder Saison sind wir für euch da.

Der Würselener Wall und die Aachener Macht

vom Stehplatz überdacht.

In unseren Herzen brennt ein Feuer, vom TSV entfacht.

Refrain:

Wir sind wieder da

Super Alemannia

Singen uns´re Siegeslieder

für die beste Elf der Liga.

Ein Jahrtausend beginnt

und Aachen gewinnt

und wir werden Deutscher Meister sein.

Schwarz-Gelbe Götter auf dem Platz,

der Tivoli ist außer Rand und Band.

Alemannia Aachen hat die besten Fans im Land.

Ein Jubelschrei schallt durch den Dom,

auch Kaiser Karl feiert mit.

Denn alle Öcher, ob Alt ob Jung,

singen den Alemannia-Hit.

Refrain: (3x):

Wir sind wieder da ...

Ming Alemannia

Du, bist aus Aachen welch ein Glück

Machst die Männer ganz verrückt

Doch auch Frauen steh'n auf dich

Dich und deine Kurven liebe ich

Wenn Du dich zeigst im grellen Licht

Selbst deine Fahne riech' ich gern

Bridge:

Freitagabend ich will dich sehn'

Muß ich auch in der Schlange steh'n

Du kommst raus und alle flippen aus:

Refrain:

Aber eins, aber eins

Das bleibt besteh'n

Wir werden nie

Niemals untergeh'n

Du bes mi Jlöck

Bes minge Steär

Ming Alemannia

Ich han dich jeär

Dir verzeih ich wirklich viel

Auch so manches Auswärtsspiel

Denn auch andre lieben dich

Ich trag' in Liebe deinen Schal

Auch dein Alter ist egal

In deiner Wäsche schlafe ich

Bridge:

Hatten wir's auch manchmal schwer

Lieb ich dich heute umso mehr

Egal was kommt - Ich bleib' dir immer treu

Refrain:

Aber eins, aber eins …

You never walk alleng

You never walk alone.
So war es immer schon.
So wird es auch
für alle Zeiten sein.
Ühr bruucht net bang ze süe,
vür sind doch alle heij.
Der öcher Krau
an ouch de Hotvollee
Alemannia my love,
jeäht et ouch ens erav.
Alemannia olé!
It's forever än ene day.
Alemannia, hurra,
wir sind wieder da!
You never walk alleng
Heij steähtr der Jupp
en do steäht der Schäng.
Vür van der Brand
Än ouch vür va St. Fleng
You never walk alleng.

Nu spoit ens ejjen Häng

an scheßt e Tor,

dat es doch jar net schwor

Alemannia my love,

jeäht et ouch ense rav.

Alemannia olé!

It's forever än ene day.

Alemannia Hurra,

wir sind wieder da!

Alemannia my love,

et jeäht nie wier erav.

Alemannia olé!

Än der Tivoli blivt heij.

Alemannia hurra,

wir sind wieder da.

BESUCHERZAHLEN - DIE 10 BESTEN JAHRE BEIM ZUSCHAUERSCHNITT

Saison	Wettbewerb	Spiele	Ausv.	Zuschauer	Schnitt
09/10	2.Bundesliga	17	1	378.274	22.251
67/68	1.Bundesliga	17	0	371.000	21.824
06/07	1.Bundesliga	17	15	351.805	20.694
07/08	2.Bundesliga	17	5	332.456	19.556
08/09	2.Bundesliga	17	4	331.010	19.471
05/06	2.Bundesliga	17	4	324.529	19.090
04/05	2.Bundesliga	17	2	324.362	19.080
68/69	1.Bundesliga	17	0	320.000	18.824
11/12	2.Bundesliga	17	0	315.062	18.533
10/11	2.Bundesliga	17	0	307.624	18.096

BEKANNTHEIT DES VEREINS ALEMANNIA AACHEN

Der Fussballverein Alemannia Aachen ist über 51,7 Mio. Menschen in Deutschland bekannt.

ALEMANNIA AACHEN UND SEINE FANCLUBS

Der Alemannia Aachen hat 47 gemeldete Fanclubs. Das macht in Prozent 0,57% der Fanclubs der 1. Bundesliga aus.

Im Folgenden die aktuellen Tabellen der Fanclubs der ersten und zweiten Bundesliga:

Fanclubs der 1. Bundesliga-Vereine:

Verein	Fanclubs	% von Gesamt
FC Bayern München	2299	27,79
FC Schalke 04	1300	15,72
Borussia M'gladbach	580	7,01
Borussia Dortmund	557	6,73
Eintracht Frankfurt	515	6,23
Werder Bremen	410	4,96
1. FC Nürnberg	400	4,84
Hamburger SV	397	4,80
Hertha BSC Berlin	380	4,59
Bayer 04 Leverkusen	272	3,29
VfB Stuttgart	271	3,28
Hannover 96	250	3,02
VfL Bochum	183	2,21

1. FSV Mainz 05	150	1,81
VfL Wolfsburg	118	1,43
DSC Arminia Bielefeld	86	1,04
FC Energie Cottbus	57	0,69
Alemannia Aachen	47	0,57
Fanclubs gesamt:	**8272**	**100,00**

Fanclubs der 2.Bundesliga-Vereine:

Verein	Fanclubs	% von gesamt
1. FC Köln	1004	34,45
TSV 1860 München	500	17,16
1. FC Kaiserslautern	350	12,01
FC Hansa Rostock	190	6,52
Carl Zeiss Jena	145	4,98
Eintracht Braunschweig	120	4,12
Kickers Offenbach	100	3,43
FC Erzgebirge Aue	86	2,95
SpVgg Unterhaching	85	2,92
SC Freiburg	65	2,23
MSV Duisburg	65	2,23

Rot-Weiss Essen	60	2,06
Karlsruher SC	40	1,37
SC Paderborn 07	25	0,86
Wacker Burghausen	24	0,82
SpVgg Greuther Fürth	20	0,69
FC Augsburg	19	0,65
TuS Koblenz	16	0,55
Fanclubs gesamt:	**2914**	**100,00**

EXTRA'S ALEMANNIA AACHEN

Literatur

- Joseph Küsters, Walter Römer et al.: Olé Alemannia - Fussballgeschichten vom Aachener Tivoli, Alano Verlag, Aachen, ISBN 3-924007-32-2

- Franz Creutz (Hrsg.): „Spiele, die man nie vergißt! Alemannia in den 60er Jahren", Meyer & Meyer Aachen, 1996, ISBN 978-3-89124-373-2

- Franz Creutz (Hrsg.): „Der TivOli Rückblick – Alemannia Aachen 1949–1999", Meyer & Meyer Aachen, 1999, ISBN 978-3-89124-605-4

- Franz Creutz (Hrsg.): „Die Rückkehr der Men in Black – Alemannias Weg in den UEFA-Cup", Meyer & Meyer Aachen, 2004, ISBN 978-3-89899-080-6

- Franz Creutz (Hrsg.): „Europa wir kommen – Alemannia im UEFA-CUP 2004/05", Meyer & Meyer Aachen, 2005, ISBN 978-3-89899-156-8

- Franz Creutz (Hrsg.): „Operation Bundesliga – Das Tagebuch des Alemannia-Aufstiegs", Meyer & Meyer Aachen, 2006, ISBN 978-3-89899-260-2

- Erik Meijer mit Thorsten Pracht: „3 geile Jahre", Meyer & Meyer Aachen, 2006, ISBN 978-3-89899-259-6

- Franz Creutz (Hrsg.): „Spielt am Samstag unser Fußballclub - Das Alemannia-Fanbuch", Meyer & Meyer Aachen, 2007, ISBN 978-3-89899-322-7

- Ralf Schröder, Kolja Linden, Thorsten Pracht: „Der Tivoli. 100 Jahre legendäre Heimat für Alemannia Aachen", Die Werkstatt Göttingen, 2008, ISBN 978-3-89533-599-0

- Franz Creutz (Hrsg.): „Das Alemannjahr - Ein vereinshistorisches Kalendarium", Books on Demand Norderstedt, 2011, ISBN 978-3-8391-9873-5

- Franz Creutz (Hrsg.): „Der Eiserne - Die Alemannia-Legende", Books on Demand Norderstedt, 2011, ISBN 978-3-8448-0393-8

- Franz Creutz (Hrsg.): „Der Jupp - Mister Alemannia", Books on Demand Norderstedt, 2012, ISBN 978-3-8482-1789-2

RECHTLICHER HINWEIS

Aktuell bedeutet dies konkret:

Sie dürfen:

- das Werk bzw. den Inhalt vervielfältigen, verbreiten und öffentlich zugänglich machen

- Abwandlungen und Bearbeitungen des Werkes bzw. Inhaltes anfertigen

- das Werk kommerziell nutzen

Zu den folgenden Bedingungen:

- Namensnennung — Sie müssen den Namen des Autors/Rechteinhabers in der von ihm festgelegten Weise nennen.

- Weitergabe unter gleichen Bedingungen — Wenn Sie das lizenzierte Werk bzw. den lizenzier-ten Inhalt bearbeiten oder in anderer Weise erkennbar als Grundlage für eigenes Schaffen verwenden, dürfen Sie die daraufhin neu entstandenen Werke bzw. Inhalte nur unter Verwendung von Lizenzbedingungen weitergeben, die mit denen dieses Lizenzvertrages identisch oder vergleichbar sind.

Herstellung und Verlag:

BoD – Books on Demand, Norderstedt

ISBN 978-3-7347-3431-1